Ueber die beabsichtigte neue Organisation der Königlichen Bank und die Betheiligung der Privatpersonen bei derselben.

Von

Bülow-Cummerow.

Berlin.

Verlag von Veit und Comp.

1846.

Ueber die beabsichtigte

neue Organisation der Königl. Bank

und die

Betheiligung der Privatpersonen bei derselben.

Se. Majestät der König hat geruht, durch die Kabinets-Ordre vom 16. Juli 1846, an den Minister Rother gerichtet, die Allerhöchste Kabinets-Ordre vom 11. April ej. a. in mehreren wichtigen Punkten abzuändern. Zugleich ist eine zweite Kabinets-Ordre vom 18. Juli d. J., die Betheiligung der Privatpersonen bei der Bank betreffend, erlassen, und mit dieser das Project zu einer künftigen Bankordnung publicirt, welche jedoch erst Gesetzes-Kraft durch eine neue Allerhöchste Verfügung, nachdem die Zeichnung der 10 Millionen Thaler von Seiten der Privaten erfolgt sein wird, erhalten soll.

Da dem Willen Sr. Majestät des Königs gemäß die neu zu errichtende Staatsbank, wie Tit. I. §. 1. der Bank-Ordnung besagt, bestimmt ist, „den Geldumlauf des Landes zu befördern, Kapitalien nutzbar zu machen, Handel und Gewerbe zu unterstützen und einer übermäßigen Zinssteigerung vorzubeugen", so ist es von der höchsten Wichtigkeit für das ganze Land, daß nicht nur dieser Zweck erreicht, sondern auch zugleich die weitern höhern Interessen der Regierung und des Volks dabei fest ins Auge gefaßt werden.

Der Zweck der nachstehenden Besprechung ist dahin gerichtet, die Regierung und das Land auf diejenigen Mängel und Bedenken aufmerksam zu machen, die sich unserer Ansicht nach in dem Plane befinden, und sie mit Verbesserungs-Vorschlägen zu begleiten.

Den Behörden wie dem Publicum ist es nicht unbekannt geblieben, daß wir aus finanziellen und staatsökonomischen Gründen eine große preußische Landes-Zettelbank beantragt und dringend bevorwortet haben, zugleich aber ein Gegner von Staatsbanken, besonders von gemischten Staats- und Privatbanken, sind; wir haben in dieser Beziehung unsere Ansichten in nichts geändert, im Gegentheil hat der uns vorliegende Plan und die Schwierigkeiten, welche sich der Verwirklichung desselben entgegenstellen, uns in diesen noch bedeutend bestärkt. Da wir jedoch unsere Meinung darüber wie über die Gefahr, in welche der Staats-Credit durch die Vermehrung des Papier-Geldes gerathen wird und kann, in den beiden kleinen Schriften:

„das normale Geldsystem" und „das Bankwesen in Preußen, mit Beziehung auf die Kabinetsordres vom 11. April 1846" ausgesprochen haben, so werden wir diesen Punkt hier ganz übergehen, und unter Rückbeziehung auf das, was wir darüber in jenen beiden Schriften gesagt haben, uns auf die Beleuchtung der Kabinets-Ordres vom 16. und 18. Juli und der neuen Bank-Ordnung beschränken.

Durch die Kabinets-Ordre vom 16. Juli an den Minister Rother wird die vom 11. April in den meisten Punkten wesentlich abgeändert.

Als besonders wichtig heben wir zweie derselben hervor:

In der Kabinets-Ordre vom 11. April war angeordnet, daß nie mehr als für 10 Millionen Thlr. Banknoten ausgegeben werden sollten, und daß der Staatsschulden-Verwaltung die Ausfertigung und die Controlle darüber verbleiben sollte.

Durch die Kabinets-Ordre vom 16. Juli wird festgesetzt, daß gleich 15 Millionen und nach 3 Jahren noch 6 Millionen, in Summa 21 Millionen Thlr. Banknoten ausgegeben werden können, und daß der Bankverwaltung die Ausfertigung der Noten, einer besonderen Immediat-Commission aber die Controlle übertragen werden solle. Wir dürfen diese Kabinets-Ordre als allgemein bekannt voraussetzen, und verweisen deshalb in Betreff derselben auf die öffentlichen Blätter.

Da wir jede Polemik darüber zu vermeiden wünschen, inwiefern die Ausgabe eines neuen Papiergeldes, welches nach §. 33. der Bank-Ordnung gleich den Kassen-Anweisungen bei allen Königl. Kassen angenommen werden soll, als eine

Staatsschuld betrachtet werden könne oder nicht, so berufen wir uns auf das, was hierüber in der kleinen Schrift „über das Bankwesen in Preußen", S. 35 bis 41 gesagt worden ist, und überlassen das weitere Urtheil darüber dem Leser selbst, so wie darüber, inwiefern der Einschuß der Theilnehmer als ein Darlehn betrachtet werden kann, nnd bemerken nur, daß unserer Ueberzeugung nach dieser Einschuß kein Darlehn sei, weil das Ganze auf ein Metageschäft hindeutet. Obgleich es anzuerkennen ist, daß in den Kabinets-Ordres vom 16. und 18. Juli manche Punkte abgeändert worden sind, welche die Presse und wir selbst in der Kabinets-Orde vom 11. April als mangelhaft bezeichnet haben, und die namentlich in der Haude- und Spenerschen Zeitung No. 173 gründlich hervorgehoben sind, so enthält doch die uns vorliegende Bankordnung nach unserer Ueberzeugung noch immer so bedeutende Mängel, daß, wenn sie in ihrer jetzigen Form zur Ausführung kommen sollte, sie weder der landesväterlichen Absicht des Monarchen entsprechen, noch die Interessen des Handels und der Gewerbe fördern würde, sondern gegentheils zu einer noch größeren Verwirrung unserer Geldverhältnisse und am Ende zu einer Erschütterung des Staats-Credits führen könnte.

Im wahren Interesse der Krone wie in dem des Landes werden wir daher die wichtigsten Punkte hervorheben, welche in dem Entwurfe der Bank-Ordnung einer Umgestaltung bedürfen, und nachweisen, in welcher Weise diese vorgenommen werden müsse. Wir hoffen unsere Ansichten so begründen zu können, daß sie Jedem einleuchten werden.

Da es keinem Zweifel unterliegen kann, daß die Rathgeber der Krone nur das Beste zu fördern wünschen, und da die Modificationen, welche die Kabinets-Ordre vom 11. April erfahren hat, beweisen, daß begründete Einwendungen nicht unbeachtet bleiben, so darf die Hoffnung nicht aufgegeben werden, daß solche Modificationen eintreten werden, welche der Stellung Preußens, der Absicht Sr. Majestät des Königs und der Wohlfahrt des Landes angemessen erscheinen.

Die Gegenstände, um die es sich handelt, sind zu wichtig, um auf einer einmal vorläufig gefaßten Meinung bestehen zu wollen, und wir empfehlen deshalb der Verwaltung die Berücksichtigung der ewigen Wahrheit: daß halbe und falsche Maßregeln gleich verderblich sind.

Da es aber unser Wunsch ist, auch dem in Geldsachen nicht geübten Theil des Publikums eine möglichst klare Uebersicht zu gewähren, welche Vortheile und Nachtheile sich von der Betheiligung der Privaten bei der Bank erwarten lassen, so werden wir diejenigen §§., bei welchen wir Bemerkungen zu machen haben, je nach den Umständen hier theils wörtlich abdrucken lassen oder in Auszügen mittheilen, und sodann die Beurtheilung folgen lassen; bevorworten übrigens noch, daß manche Punkte in dem Entwurfe einer mehrfachen Deutung unterliegen und daß, wenn wir aller angewandten Bemühungen ungeachtet, nicht die richtige gefunden haben sollten, wir uns gerne berichtigen lassen werden. Denn es kommt hier nicht auf Meinungen, sondern auf Wahrheit an.

Wir lassen hier vor allem den mitgetheilten Status der Königl. Bank folgen, um eine Uebersicht nicht sowohl von der Geldmacht der Bank selbst zu erhalten, sondern von dem verhältnißmäßigen Einschuß, mit welchem sich die Regierung und die Privaten bei dem beabsichtigten Societäts-Geschäft betheiligen.

Status der Königl. Bank am 13. Mai 1846.

Activa.	Rℓ.	Sgr.
1. Wechselbestände	10,594,425	14
2. Lombard-Forderungen	8,245,486	24
3. Inländische Staats- und Kommunal-Papiere und Pfandbriefe nach dem Nennwerthe	12,725,861	8
4. Zinsreste dieser öffentlichen Papiere	144,600	—
5. Hypothekarische, Buch- und andere Forderungen .	438,120	8½
6. Grundstücke und Inventarien der Hauptbank und der Provinzial-Bank-Komtoire	595,000	—
7. Bestände an Barren, geprägtem Gelde und Kassen-Anweisungen	8,915,382	13½
Summa der Activa	41,658,876	8

Passiva.	Rℓ.	Sgr.	Rℓ.	Sgr.
1. Depositen-Kapitalien	25,991,529	7½		
2. Schuldige Depositen Zinsen . .	366,213	17½		
3. Die vom Staate gegen Deponirung von Staatsschuldscheinen empfangenen Kassen-Anweisungen .	6,000,000	—		
4. Von Staats-Kassen empfangene Vorschüsse und Einnahme-Revenüen	3,221,166	2		
5. Guthaben von Instituten und Privatpersonen mit Einschluß des Giro-Verkehrs	5,089,622	22		
Summa der Passiva	. . . . .		40,668,531	19
bleibt Ueberschuß	. . . . .		990,344	19

Berlin, den 13. Mai 1846.

Haupt-Bank-Direktorium.

v. Lamprecht. Reichenbach. Meyen.

Dieser Status ergiebt nun, wenn alle Activa der Bank durchweg gut sein sollten — was wohl nimmermehr anzunehmen ist und woran die Behörden selbst zu zweifeln scheinen, weil bei II. in der Kab. Ordre, die Betheiligung der Privatpersonen betreffend, gesagt wird, daß bei dem Abschluß für das Jahr 1846 diejenigen Activa ausscheiden sollten, gegen deren Sicherheit nach dem pflichtmäßigen Ermessen der Haupt-Bank-Direktion Bedenken obwalteten — ein Activ-Vermögen von 990,000 Thlr.

Hiervon muß jedoch zunächst in Abzug gebracht werden die Koursdifferenz des Bestandes von 12,725,861 Thlrn. inländischer Staats- und Kommunal-Papiere und Pfandbriefe, die zum Nennwerth gerechnet worden sind, während sie alle unter pari stehen. Abgesehen davon, daß, da die Hülfe, die der gedrückte Geldmarkt mit Sehnsucht von der neu zu errichtenden Bank erwartet, mindestens noch sehr weit entfernt scheint, und da weder die Allerhöchste Kab. Ordre noch die Bank-Ordnung den Termin bezeichnen, von wo ab die Bank ihre Operationen beginnen wird, die Staats-Papiere leicht noch tiefer fallen können, so beträgt die jetzige Koursdifferenz, da sicherm Vernehmen nach obige Papiere fast ausschließlich aus Staatsschuldscheinen bestehen, circa 600,000 Thlr. Mithin verbleibt, wenn alle Activa gut sein sollten, der Königl. Bank nur ein Vermögen von circa 390,000 Thlr., und auch dieses wird nur dadurch erzielt, daß der Societät alle Königl. Gebäude und die übrigen Inventarienstücke für die Summe von

595,000 Thlr. mit überlassen werden, denn ohne diese Ueberweisung würde ein Passivum von 205,000 Thlr. entstehen.

Ein gewisses Bedauern wird sich hierbei Jedem aufdrängen müssen, daß eine Bank, von Friedrich dem Großen errichtet, welche so große Prärogativen genießt und die sich so bedeutender Unterstützungen von Seiten der Regierung erfreut hat*) — im Jahre 1846 nach einem ein und dreißigjährigen Frieden ihre Passiva nur durch Entäußerung der königlichen Grundstücke zu decken im Stande ist. Der Grund davon liegt theils darin, daß der Staat in den Kriegen von 1806 den Fonds der Bank fortzunehmen sich genöthigt sah, andern Theils findet sich der Schlüssel zur Enträthselung dieses nicht erfreulichen Standes der Dinge, wie jeder beim ersten Blick erkennen wird, in dem Verzeichniß der Activa der Bank. Von 41,658,876 Thlr., die nach dem mitgetheilten Status zu ihrer Disposition stehen, ist nur die verhältnißmäßig geringe Summe von 18,839,912 Thlr. zu eigentlichen Activ-Geschäften in einer Zeit verwandt, in welcher der Ackerbau, der Handel und die Gewerbe unter dem Druck einer beispiellosen Geldkrisis niedergebeugt werden. Die in Wechsel- und Lombard-Geschäften angelegten 18,839,912 Thlr. sind es mithin, die die 8,915,382 Thlr., die unbenutzt da liegen, übertragen sollen, was um so weniger möglich ist, da die Bank keine eigenen Fonds besitzt, sondern

*) Anmerk. Außer einem zinsfreien Vorschuß von 2,000,000 Thlr. aus dem Staatsschatz hat die Bank auch noch den Zinsgenuß von 6,000,000 Kassen-Anweisungen gehabt.

diese unbenutzten Gelder so gut wie die andern verzinsen muß. Zwar können die in Staatspapieren angelegten 12,725,861 Thlr. auch dazu beitragen, die todt liegenden Gelder mit zu übertragen, da diese Papiere $3\frac{1}{2}$ Proc. Zinsen gewähren, während die Bank nur 3 und in gewissen Fällen auch nur $2\frac{1}{2}$ und 2 Proc. Zinsen zahlt. Inzwischen, wenn wieder berechnet wird, daß die Staats- und Kommunal-Papiere unstreitig früher zu einem höhern Cours, als dem jetzigen, angekauft sind, so wird durch diesen Ueberschuß an Zinsen der Verlust am Kapital schwerlich gedeckt werden, und noch viel weniger die bedeutenden Verwaltungs-Kosten, die doch auf das Ganze repartirt werden.

Jedenfalls ist es sehr ehrenwerth, daß bei dieser Gelegenheit wenigstens eine Verwaltung damit beginnt, mit offener Freimüthigkeit dem Publicum einen tiefen Einblick in den bisherigen Betrieb ihrer Verwaltung zu gewähren: es liegt darin eine Art von Bürgschaft für die Zukunft. Hinter dem tiefen Schleier, in welchen die Finanzzustände bei uns bisher zum Theil gehüllt sind, haben wir wenigstens einen der Krebsschäden erblickt, der bald möglichst geheilt werden sollte. Ob nun den zehn Millionen gegenüber, die von Seiten der Privaten eingeschossen werden sollen, irgend ein und welcher Gegeneinschuß aus den Activis der königl. Bank erfolgen wird, ist höchst zweifelhaft, jedenfalls kann er nur kaum nennenswerth sein. Auch wird sich das Activ-Vermögen der Bank gleich bei ihrer Gründung sehr wesentlich vermindern, wenn bei der Uebergabe der Activa und Passiva der alten Bank an die neue und namentlich bei Feststellung des Antheils der königl. Bank an derselben die Staats- und Kommunal-Papiere zum Nennwerth angenommen werden sollen, wie dies in §. III. der Cab. Ordre vom 18. Juli bestimmt wird.*)

In den neu anzulegenden Büchern der Bank können doch unmöglich Staats- und Kommunal-Papiere höher als der Börsen-Cours besagt, in Rechnung gebracht werden. Wir wollen nun annehmen, in diese würden die Einschüsse der

Privaten mit	10,000000	Thlr.
eingetragen, und die des Staats mit .	990,000	Thlr.
gut geschrieben, mithin in Summa	10,990,000	Thlr.

*) §. III. Zu den auf die Bücher der Preußischen Bank mit dem 1. Januar 1847 zu übertragenden Activis (II.) nebst deren Erträgen von diesem Zeitpunkte ab, gehören: 1. die Wechselbestände und Lombard-Forderungen; 2. die alsdann vorhandenen inländischen Staats- und Kommunal-Papiere und Pfandbriefe, welche über den im Status vom 13. Mai d. J. aufgeführten Betrag nicht vermehrt werden dürfen, nach dem Nennwerthe; 3. die hypothekarischen, Buch- und anderen Forderungen, mit Einschluß der Vorschüsse zur Anfertigung der Banknoten; 4. die Grundstücke und Inventarien; 5. die Bestände an Barren, geprägtem Gelde, Kassen-Anweisungen, Giro-Anweisungen und Banknoten. —

Die Passiva dagegen bestehen: 1. in den Depositen-Kapitalien und deren Zinsresten; 2. in den vom Staate gegen Deponirung von Staatsschuldscheinen empfangenen 6 Millionen Thalern Kassen-Anweisungen; 3. in den bis dahin ausgefertigten Banknoten und den noch unberichtigten Anfertigungs-Kosten derselben; 4. in den von Staatskassen an Vorschüssen und zur Verrechnung empfangenen Geldern; 5. in dem Guthaben von Privatpersonen, mit Einschluß des Giro-Verkehrs.

Allein angenommen, jene Papiere ständen dann 5 Proc. unter dem Cours, so würden von den 12,725,861 Thlr. rund gerechnet 636,250 Thlr. abgehen; es verminderte sich mithin

das ursprüngliche Kapital der . . .	10,990,000	Thlr.
um	636,250	=
auf	10,354,750	Thlr.

Nach dem §. 37. der Bankordnung würden mithin vorweg die sich daraus ergebenden Unterbilancen von den Actien abgeschrieben werden müssen. Angenommen aber, es stellte sich, wie dies sehr wahrscheinlich ist, bei dem Abschluß der königl. Bank mit der neuen heraus, daß der Einschuß des Staats bei diesem gemeinschaftlichen Geschäft ein kaum nennenswerther sei, so könnte man einwenden, es sei unbillig, daß dieser dennoch die halbe Dividende in Anspruch nehme, während mit dem Gelde der Privaten die Bank errichtet werde. Ein solcher Einwand ist aber durchaus unbegründet, denn der Staat cedirt der Societät, wie wir weiterhin zeigen werden, die wesentlichsten Vorrechte, deren er sich nicht entäußern sollte, und wofür der Antheil an der Dividende kein Aequivalent ist.

Wenn wir uns nun zu III. der Kab. Ordre zurückwenden, so scheint aus den Worten, daß von dem ersten Januar 1847 ab die Erträge der Bank auf die Actionaire mit übergehen sollen, hervorzugehen, daß von diesem Zeitpunkt an auch die Operationen der Bank für gemeinschaftliche Rechnung beginnen sollen. Da aber andere Stellen dies wieder zweifelhaft machen, so wäre es nöthig, daß sich die Bankverwaltung darüber öffentlich ausspräche. Wir haben in den Zeitungen die Ansicht ausgesprochen gefunden, daß die Bank erst dann als constituirt betrachtet werden soll, wenn die ganzen zehn Millionen eingezahlt wären; dies würde aber die Zeichnung nicht nur erschweren, sondern das Geld dem Verkehr völlig entziehen.

Räthselhaft bleibt es auch, wie unter 5. dieses Abschnitts die Banknoten neben dem Gelde und den Barren als Activa mit übergeben werden sollen; die Unkosten sind schon bei 4. aufgeführt, und wenn wir auch errathen zu können glauben, wie dies gemeint ist, daß sie nämlich nur den Kostenwerth als Activum repräsentiren sollen, so müßte dies doch ausdrücklich erklärt werden.

Die Bestimmungen, welche in den Abschnitten IV. bis XI. der an den Minister Rother gerichteten Kab. Ordre, die Betheiligung der Privaten betreffend, enthalten sind, übergehen wir, obgleich sich auch bei diesen Manches zu bemerken findet: unsere Absicht ist nur, die bedeutendsten Punkte hervorzuheben.

Wir wenden uns deshalb zu der Bankordnung selbst, und beginnen mit dem §. 1. derselben.*)

Uns scheint hier die eigentliche Aufgabe einer Bank noch bei weitem nicht vollständig genug aufgefaßt zu sein:

Zu den wesentlichsten Zwecken der Zettelbank gehört es,

---

*) §. 1. (Zweck der Bank.) Die Bank ist bestimmt, den Geld-Umlauf des Landes zu befördern, Kapitalien nutzbar zu machen, Handel und Gewerbe zu unterstützen, und einer übermäßigen Steigerung des Zinsfußes vorzubeugen.

daß diese im Stande sei, nicht allein den Umlauf des Geldes zu fördern, sondern nach dem Bedürfniß die Circulationsmittel zu vermehren, oder sie durch die Realisation der Noten zu vermindern, daß sie ferner gleichsam einen Geldmarkt bilde, auf welchem sich die Geldbedürftigen und die Kapitalsbesitzer leicht finden können, daß sie endlich nicht nur den Kredit befestige, sondern vor Allem den nachtheiligen Schwankungen des Zinsfußes entgegenwirke, sich mithin an einen niedrigen und festen Zinsfuß binde. Einer Privat-Bank muß dies in ihrer Concession zur Bedingung gemacht werden, und auch eine königl. Bank sollte dies vor Allem ins Auge fassen, — allein leider vermissen wir in der ganzen Bankordnung die desfalsige Bestimmung

ad §. 2*.) Ganz abweichend von der Bestimmung einer Bank ist es, sich, wie der §. 2. es gestattet, mit dem An-

*) §. 2. (Geschäfte der Bank.) Zur Erreichung dieser Zwecke ist die Bank befugt, Wechsel und Geld-Anweisungen, so wie inländische Staats- und auf jeden Inhaber lautende ständische, Kommunal- und andere öffentliche Papiere zu diskontiren, und für eigene Rechnung oder für Rechnung öffentlicher Behörden und Anstalten zu kaufen und zu verkaufen; gegen genügende Sicherheit Kredit und Darlehn zu geben; Wechsel und Geld-Anweisungen zu ertheilen, zu acceptiren und für andere Rechnung einzuziehen; Geld-Kapitalien gegen Verbriefung so wie in laufender Rechnung zinsbar und unzinsbar anzunehmen, edle Metalle und Münzen zu kaufen und zu verkaufen.

Andere kaufmännische Geschäfte, namentlich Waarenhandel sind und bleiben der Bank untersagt.

kauf von Staats- und Kommunal-Papieren zu befassen; dies sollte ihr ganz untersagt oder doch auf ein geringes Minimum beschränkt werden. Die Fonds der Bank sind bestimmt, den Handel und die Gewerbe zu beleben, nicht aber Papierspeculationen zu treiben und ihre Fonds jenen dadurch zu entziehen. Auch ist dies um so bedenklicher, weil oft Verluste damit verbunden sind, denen sich die Bank nicht aussetzen darf, wie sie denn endlich bei politischen Krisen dadurch sehr leicht in Gefahr gerathen kann.

Der größte Fehler, den eine Bank, die nicht sehr große Mittel besitzt, begehen kann, besteht unstreitig darin, bedeutende Fonds fest zu legen.

Bei allen politischen und selbst bei großen Handelscrisen sind, wie die Erfahrung lehrt, Staatspapiere fast unverkäuflich. Wenn aber im Allgemeinen jede Bank schon Ursache hat, sich des Ankaufs von Staats- und Kommunal-Papieren zu enthalten, so hat es die preußische um so mehr, da sie nur zehn Millionen Kapitalsstock besitzt und ein und zwanzig Millionen Banknoten ausgeben will, worauf wir weiter unten zurückkommen werden.

ad §. 4*.) Hier wird gesagt, daß nur Wechsel angenom-

---

*) §. 4. (Wechselverkehr.) Die Bank diskontirt nur solche am Orte zahlbare Wechsel und zu bestimmten Terminen zahlbare Effekten, welche nicht über drei Monate zu laufen und der Regel nach drei solide Verbundene haben. Auch steht ihr der An- und Verkauf von guten Wechseln auf andere Plätze des In- und Aus-

men oder discontirt werden dürfen, die nicht über drei Monate laufen, und in der Regel drei Unterschriften zählen.

Unserer Ansicht nach dürfen bei Wechseln von der Regel keine Ausnahme gemacht werden; dadurch wird der Willkür ein freies Feld geöffnet. Etwas anders stellt es sich, wenn im §. 5. bei den Lombard-Geschäften ebenfalls gesagt wird, daß zinsbare Darlehne in der Regel nicht über drei Monate hinaus bewilligt werden sollen. Wenn der Wollhändler, der Holz- oder Korn-Händler erst in vier Monaten seine Waaren verschiffen oder zu dem bestimmten Markte bringen kann, so begründet dies eine Ausnahme.

ad §. 6.*) Wenn in demselben am Schluß gesagt wird, daß die Bank in ihren Lombard-Geschäften den Zinsfuß von 6 Proc. aufs Jahr nicht überschreiten darf, so bestimmen dies schon die Wucher-Gesetze, und es brauchte daher nicht besonders angeführt werden.

In dem §. 1. ist vorausgeschickt, die Bank habe die Bestimmung, einer übermäßigen Steigerung des Zinsfußes ent-

---

landes, wo sie dazu ein Bedürfniß erkennt, insbesondere zum Behuf der Beziehung von edlen Metallen und Münzen frei.

*) §. 6. (Zinssatz.) Die Bank hat für den Diskonto- und Lombardverkehr den Satz bekannt zu machen, zu wechem sie Wechsel annehmen und Darlehne gewähren will; sie kann aber für Darlehne, welche gegen Verpfändung von edlen Metallen gewährt werden, einen niedrigeren Zinssatz allgemein festsetzen. Bei ihren Lombard-Geschäften darf sie **Sechs Prozent**, auf das Jahr gerechnet, **nicht überschreiten**.

gegen zu wirken; statt ihr nun aber einen mäßigen Zinsfuß zur Bedingung zu machen, wird es ganz ihrer Willkühr überlassen, welchen sie nehmen will, bis an die Gränzen des Wuchers heran. Eine Bank, die Noten ausgiebt, sollte nie mehr als 4 Proc. nehmen dürfen. Das Land hat ein Recht, dies zu fordern, die Regierung ein nahes Interesse, dies zu bestimmen. Eine Bank, welche doppelt so viel Noten auszugeben berechtigt werden soll, als ihr Stamm-Kapital beträgt, benutzt letzteres immer noch bei dem festen Zinssatz von 4 Proc. zu 8 Proc. vom Hundert, weil sie, alle übrigen Vorrechte nicht gerechnet, selbst wenn sie auch einen baaren Realisationsfonds von einem Drittel der ausgegebenen Noten niederlegt, doch noch das Doppelte ihres Einschuß-Kapitals auszuleihen im Stande bleibt.

Auch muß die Regierung, abgesehen von ihrem Interesse bei der Wohlfahrt der Unterthanen, zur Sicherung des Staats-Credits und Erhaltung des Courses ihrer 3½ Proc. Staatsschuldscheine auf pari jeder künstlichen Steigerung des Zinsfußes fest entgegen treten.

Ein über das ganze Land verbreitetes, fast monopolisirtes Geldinstitut des Staats hat den entschiedensten Einfluß auf den Zinsfuß, und besitzt die Mittel, die Höhe desselben durch seine Maßregeln zu bestimmen; daher kann es auch nicht oft genug wiederholt werden, daß es die Pflicht und das Interesse der Regierung erheische, der Bank in dieser Beziehung gesetzliche Vorschriften zu ertheilen und die Bestimmung darüber nicht dem Ermessen eines einzelnen Beamten, wie es hier geschieht, anheim zu stellen.

Wir berufen uns auf die Erfahrung des letzten halben Jahrs, welchen verderblichen Einfluß eine zweimalige Steigerung des Discontos auf 5 Proc. von Seiten der Königl. Bank auf die Börse gehabt hat.

ad §. 7.*) Soviel uns bekannt ist, hat die Königl. Bank bisher die Portofreiheit bei ihrem Verkehr mit den Filial-Banken in den Provinzen und mit den Verwaltungs-Behörden gehabt;

---

*) §. 7. (Einziehung fremder Gelder, Ertheilung von Geldanweisungen und Giro-Verkehr.) Bei der der Bank bisher übertragenen Einziehung der aus den Provinzen zu den hiesigen Central-Staatskassen fließenden Ueberschüsse, so wie bei der Verpflichtung der Bank, bis auf Höhe dieser Ueberschüsse für Rechnung der Central-Kassen Zahlung zu leisten, behält es auch für die Zukunft sein Bewenden. — Der Bank ist fernerhin gestattet, Wechsel und Geld-Anweisungen auf andere Plätze, gegen gehörige Deckung, zu ertheilen; für Rechnung von Privatpersonen, Anstalten und Behörden die Einziehung von Wechseln, Geld-Anweisungen und anderweitigen Inkasso's, jedoch ohne deren Vertretung, zu übernehmen und Zahlungen voraus bis zum Betrage des Guthabens zu leisten, so wie den Personen, welche darauf antragen, über die von ihnen unmittelbar oder mittelbar zur Wiedererhebung oder zur Ueberweisung an Andere eingezahlte Geldsummen Rechnung zu halten. Es verbleibt überhaupt bei dem bestehenden Giro-Verkehr und insbesondere für jetzt auch bei den hierauf bezüglichen Bestimmungen Unserer Ordre vom 31sten Januar 1841. (Gesetzsammlung Seite 29.).

Zwischen Personen oder Anstalten, welche in gedachter Art offene Rechnung bei der Bank haben, können Zahlungen auch durch bloßes Uebertragen aus einer Rechnung in die andere vollzogen werden.

wenn diese auch auf die gemischte Königl. und Privat-Bank übergehen sollte, so würde der Bank dadurch nicht allein eine Zwischen-Nutzung der Königl. Gelder zugewandt werden, sondern die Posteinnahme darunter leiden und diese leicht verleiten, das übrige Publicum um so stärker heranzuziehen. Es würde aber auch alle übrigen Banquiers sehr empfindlich treffen; denn wenn der größte Banquier (die Bank) Portofreiheit hat, die anderen nicht, so werden der Bank die Geld-Versendungs-Geschäfte auf den inländischen Plätzen allein verbleiben; und auf wessen Unkosten werden diese Geldgeschäfte der gemischten Bank gemacht?

Auf Unkosten des Staats, wenn es anders richtig ist, daß die Portofreiheit der neuen Bank mit übertragen wird.

Nach §. 9. 2. gehen alle Pupillen-Gelder und so weiter auf die neue Bank über und die Bank verzinset sie zu dem bisherigen gesetzlich bestimmten niedrigen Zinsfuß. Zugleich kann nach §. 26. dieser vom Staat nicht ohne Zustimmung der Privat-Theilnehmer der Bank zum Besten der frommen Stiftungen erhöht werden. Diese fast unglaubliche Concession, welche gemacht wird, um Privat-Theilnehmer heranzuziehen, wird jedoch, wie es scheint, durch den untenstehenden §. 26.*)

---

*) §. 26. Der in den §§. 22. und 23. festgesetzte Zinsfuß kann ohne Zustimmnug der Bank-Antheils-Eigner nicht erhöht werden. Dagegen behalten Wir Uns jede andere Veränderung in den Vorschriften, welche die Belegung, Annahme und Verzinsung der Kapitalien der § 21. gedachten Gelder bei der Bank betreffen, insonderheit die gänzliche oder theilweise Ausdehnung der im § 21. gedachten Verpflichtung, so wie der entsprechenden Verpflichtung der Bank

dahin modificirt, daß sich der Staat eine Aenderung vorbehält, was freilich wieder die Fonds der Bank und mit diesen zugleich ihren Geschäftsumfang sehr beschränken würde. Wir haben uns um so mehr veranlaßt gefunden, diesen §. hier wörtlich abzudrucken, da er zu denjenigen dieses Entwurfs einer Bankordnung gehört, die sich nicht allzu klar aussprechen.

Der §. 10. handelt von den eingeschossenen Kapitalien der Privat-Theilnehmer und wie es damit gehalten werden soll.

Sehr wichtige Bestimmungen finden sich in dem §. 11., den wir unten gleichfalls wörtlich mittheilen.*)

In ihm wird zuvörderst gesagt, daß Sr. Majestät es sich vorbehalte, eine Vermehrung des Stamm-Kapitals der Bank

---

(§. 25.) auf die Landestheile, in welchen das Allgemeine Landrecht keine Gesetzeskraft hat, hiermit ausdrücklich vor.

*) §. 11. Wir behalten Uns vor, zu jeder Zeit, sobald das Bedürfniß eintritt, das Einschuß-Kapital bis auf das Doppelte seines jetzigen Betrages zu erhöhen. Ueber das Bedürfniß und über die Art der Vermehrung, so wie über die in Folge derselben erforderliche anderweitige Regulirung des Theilnahme-Verhältnisses des Staats und der Bank-Antheils-Eigner am Gewinne der Bank (§§. 19. 34.), sind die Bank-Antheils-Eigner zuvor zu hören.

Bei einer Aufbringung des Mehrbetrages durch freiwillige Zeichnung haben die Eigner der ursprünglichen Bank-Antheile ein innerhalb eines Monats nach ergangener Aufforderung zur Zeichnung geltend zu machendes Vorzugsrecht; bei einer Aufbringung des Mehrbetrages durch Verkauf der neu creirten Bank-Antheile oder auf dem Wege der Submission haben die Eigner kein Vorzugsrecht, und es fließt alsdann das etwa entstehende Aufgeld zum Reserve-Fonds der Bank.

bis auf das Doppelte, mithin bis auf zwanzig Millionen Einschuß anzuordnen. Wenn das Bedürfniß zu einer solchen Erweiterung der Fonds vorhanden scheint, sollen die Bank-Antheils-Eigner gehört werden. (Daß ihre Zustimmung nöthig sei, wird nicht gesagt.) Hierbei tritt der Fall ein, wo die Interessen der Societäts-Glieder und der Höchstbetheiligten, welche sie vertreten, leicht in Widerspruch treten können, denn während die kleinen Aktionairs nur Zinsen, und wo möglich eine Dividende wünschen, werden die stark Betheiligten, mithin die großen Kapitalisten, bei einer Vermehrung der Fonds und der auszugebenden Aktien auf den Gewinn am Cours derselben speculiren.

Hierzu wird ihnen dadurch eine bedeutende Aussicht eröffnet, daß durch diesen §. bei jeder neuen Zeichnung den Eignern der ursprünglichen Bank-Antheile ein Vorzugsrecht vor allen andern Personen eingeräumt werden soll. Es scheint unmöglich, daß der Concipient einer solchen Bestimmung sich klar gedacht haben sollte, welche Folgen dies hat. Die Regierung räumt dadurch den Theilnehmern ein förmliches Monopol allen übrigen Unterthanen gegenüber ein und zwar ein solches, wodurch sie zum Mitgenuß aller Prärogativen des Fiskus gelangen. Dahin rechnen wir die Theilnahme an dem dem Staate vorbehaltenen Vortheil, die Gelder der Minorennen und milden Stiftungen zu einem niedrigen Zinsfuß zu benutzen, ferner die Portofreiheit bei Geld-Versendungen, und vor allem Andern den Zinsgewinn an

21 Millionen Banknoten, die durch die Annahme bei allen Königlichen Kassen die Natur eines Papiergeldes des Staats annehmen.

Wenn man daher den auf diese Weise begünstigten ersten Theilnehmern der Bank auch noch das Vorzugsrecht für alle künftigen Zeiten einräumen wollte, so würde hierin eine große Ungerechtigkeit liegen.

Unmöglich wird der Staatsmann und Finanzier dies billigen können, um so weniger, da nach §. IV. der Kabinets-Ordre vom 18. Juli auch Ausländer gleich den Inländern zur Zeichnung zugelassen werden und es sehr wahrscheinlich ist, daß die Aktien größtentheils in den Besitz der Ersteren übergehen werden. Welchen höchst betrübenden Eindruck es auf das ganze Land machen würde, wenn solche Bestimmungen wirklich in Kraft treten sollten, wird sich Niemand und auch die Regierung nicht verschweigen können, so wenig wie die Folgen, die wir hier nicht weiter entwickeln wollen, indem wir nur bemerken, daß es dann einer kleinen Zahl von Geldmännern nur zu bald gelingen würde, den ganzen Geldmarkt zu beherrschen.

Dem scheint zwar dadurch vorgebeugt zu sein, daß man dem Chef der Bank den allerunumschränktesten Einfluß auf den ganzen Betrieb eingeräumt hat; hierdurch wird die Sache aber nicht gebessert, wie wir weiterhin jedem klar beweisen werden, der nicht mit einer vorgefaßten Meinung oder mit getrübtem Auge die Sache betrachtet.

Sollte, was wir für ein großes Unglück halten würden, die Preußische Bank wirklich nach der vorliegenden Bank-Ordnung zu Stande kommen, so muß unter andern wesentlichen Modifikationen auch der §. 11. jedenfalls eine Aenderung erleiden.

Die §§. 15. und 16. handeln von der Auflösung der Bank und von der Kündigungs-Befugniß nach 15 Jahren, welche sich der Staat vorbehalten hat.

Diese letztere Frist ist eine viel zu entfernte, und wir glauben es mit Bestimmtheit vorher sagen zu können, daß, wenn die Bank wirklich unter den gestellten Bedingungen ins Leben tritt, nicht zwei Jahre vergehen werden, wo die Regierung sich von den Nachtheilen, die sie hat, überzeugen und es auf das innigste bedauern wird, sich auf ein Verhältniß eingelassen zu haben, welches, ohne im Stande gewesen zu sein, bedeutenden Einfluß auf den Geldmarkt der Hauptstadt und der Provinzen auszuüben, der Regierung große Verlegenheiten bereiten muß.

Inzwischen giebt es noch ein gutes Auskunftsmittel, wenn nämlich die Regierung es sich vorbehält, auch in der Zwischenzeit dieser 15 Jahre das eingegangene Verhältniß gegen eine Abfindung von 20 pCt. über den Nennwerth der Actien aufkündigen zu können. Wollte sie sich das unbedingte Aufkündigungs-Recht vorbehalten, so würde die Zeichnung nicht zu Stande kommen, die man doch zu jedem Preis erzwingen zu wollen scheint; bewilligt sie aber für den Fall der frühern Auflösung 20 pCt., so wird dies die Zeichnung fördern und es hängt ja demnächst immer noch von ihr ab, ob sie die Bank wieder auflösen will oder nicht.

ad §. 29*). Nach den Bestimmungen dieses §. ist die Bank befugt, für jetzt 15 Millionen Banknoten auszugeben, welche Zahl sich aber nach drei Jahren auf 21 Millionen vermehren soll.

---

*) ad §. 29. (Banknoten). Die Bank ist befugt, nach Bedürfniß ihres Verkehrs Anweisungen auf sich selbst als ein eigenes Geldzeichen unter der Benennung „Banknoten" auszugeben.

Keine Banknote darf auf einen geringeren Betrag als 25 Thaler Preußisches Silbergeld ausgestellt werden. Der Gesammt-Betrag der auszugebenden Banknoten wird auf Funfzehn Millionen Thaler festgesetzt, so daß die Bank außer den nach der Ordre vom 11. April 1846. auszugebenden Banknoten im Betrage von Zehn Millionen, noch weitere Fünf Millionen auszugeben befugt ist.

Da jedoch die Bank durch die Ordres vom 5. Dezember 1836. (Gesetzsammlung S. 318.) und 9. Mai 1837. (Gesetzsammlung S. 75.) die Summe von Sechs Millionen Thalern in Kassen-Anweisungen gegen Niederlegung eines gleichen Betrages in Staats-Schuldscheinen erhalten hat, so soll zwar die erstgedachte Summe noch ferner auf Drei Jahre, von dem Tage an gerechnet, an welchem diese Bank-Ordnung in Kraft tritt, unter den bisherigen Bedingungen der Bank verbleiben, dieselbe aber verpflichtet sein, bis zum Ablauf dieser Frist die erhaltenen Sechs Millionen Thaler in Kassen-Anweisungen gegen Ausantwortung der niedergelegten Staats-Schuldscheine zurückzuliefern, wogegen sie die Befugniß erhält nach Maaßgabe der erfolgten Zurücklieferung und Vernichtung der Kassen-Anweisungen einen weiteren Betrag von Banknoten bis zur Höhe von Sechs Millionen Thaler auszugeben.

Den Gesammt-Betrag von Ein und Zwanzig Millionen Thaler darf die Bank ohne Unsere ausdrückliche, durch die Gesetz-Sammlung zu publizirende, Genehmigung nicht überschreiten.

Bis jetzt hat die Erfahrung uns darüber belehrt, daß es gewagt sei, eine über den Betrag des Grundvermögens der Bank hinausgehende Summe Banknoten auszugeben; bekannt ist es, daß es, wenn man früher in England und Amerika das Maaß überschritten hat, stets auf das Heftigste getadelt worden ist, so wie man auch nicht unterlassen hat, der Wiener Bank einen ähnlichen Fehler, in welchen sie verfallen ist, zum Vorwurf zu machen.

Jedoch müssen wir, um unpartheiisch zu bleiben, bemerken, daß durch die Ueberweisung der Pupillen-Gelder und durch die Annahme der Banknoten bei allen öffentlichen Kassen die preußische Bank, so lange wir Frieden behalten, ohne auf große Schwierigkeiten zu stoßen, die Noten in Umlauf erhalten wird. Denn wenn auch das ganze Einschuß-Kapital der 10 Millionen zur Sicherung der Realisation verwandt werden müßte, so bliebe in den beinahe 26 Millionen Depositen-Kapitalien noch ein Deckungs- und Betriebs-Fond.

Das höchst Bedenkliche bei dieser Noten-Ausgabe liegt darin, daß, da die Noten nach §. 33. bei den Königl. Kassen angenommen werden sollen, sie nur auf den Frieden berechtigt ist. Es unterliegt nach allen frühern Erfahrungen keinem Zweifel, daß im Fall eines Krieges die Regierung nicht im Stande sein wird, dem Andrange zur Realisation der Kassen-Anweisungen zu begegnen, und eben so wenig wird die Bank es vermögen, mit ihrem geringen Kapitalfonds dann 21 Millionen Banknoten zu realisiren, selbst in dem Falle nicht, daß sie ihre sämmtlichen Activa einzöge, um ihre Noten einzulösen, mit der Absicht sie nicht wieder auszugeben, wodurch sich dann freilich ihr Geschäfts-Betrieb zum Nachtheil des Publicums auf ein sehr geringes Maaß reducirte. Inzwischen würde auch dieser Vorschlag wegen der dann bestehenden Verhältnisse unausführbar sein.

In einem so kritischen Augenblicke die Fonds einzuziehen ist, wie jeder erfahrene Banquier zugeben wird, unmöglich und würde, wenn es versucht werden sollte, den Handels- und Gewerbsstand zu Grunde richten und die Fonds der Bank selbst in Folge der aus dieser Einziehung entstehenden Fallisements sehr vermindern, wo nicht vernichten; es wird daher unter solchen Umständen ihrer Direction nichts übrig bleiben, als entweder die Noten-Realisation einstweilen einzustellen oder die Regierung um eine Suspension der Realisation zu bitten.

Die Folge der einen wie der andern Maaßregel würde aber die sein, daß nun die Banknoten in Masse den Staats-Kassen zuströmen, und daß diese statt baaren Geldes nur Kassen-Anweisungen oder Banknoten einnehmen würden, die sie dann wieder nur mit großem Verlust an dem Nominal-Werth auszugeben im Stande wären.

Die Leichtigkeit, mit welcher man sich jetzt über alles hinweggesetzt, was die Zukunft betrifft, scheint beklagenswerth und nicht zu ergründen, warum man in Hinsicht des Systems so plötzlich von einem Extrem zum andern übergegangen sei;

seit einer langen Reihe von Jahren hat man sich ängstlich dafür gehütet, die Kassen-Anweisungen zu vermehren, woraus die Regierung große Vortheile hätte ziehen können, und jetzt beabsichtigt man 21 Millionen Banknoten gleich den Kassen-Anweisungen bei den Staatskassen anzunehmen, ohne daß sich davon irgend ein bedeutender Gewinn absehen ließe.

ad §. 36*). Gegen die hier vorgeschlagene Vertheilung des Gewinns der Bank ist mit Grund nichts zu erinnern; denn selbst angenommen, daß der Einschuß der Regierung gleich null wäre, so gewährt sie den Theilnehmern, wie nachgewiesen ist, so große Vortheile, daß die den Staats-Kassen zufallende Dividende nur als ein unbedeutendes Aequivalent dagegen erscheint.

Aber sehr bedauern wir es im Interesse der Regierung und des Landes, daß der ganze Plan einer Reorganisation der Bank nicht mit größerer Berücksichtigung der höheren und

---

ad §. 36*). (Gewinn der Bank.) Aus dem nach den Jahresabschlüssen sich ergebenden reinen Gewinn der Bank wird zunächst: 1. den Bankantheils-Eignern für ihren Entschluß drei und ein halb pro Cent jährlich nnd 2. dem Staate für seinen Entschluß gleichfalls drei und ein halb pro Cent jährlich gezahlt, von dem Ueberreste sodann 3. Ein Viertel zur Bildung des Reserve-Fonds verwendet, und der alsdann annoch verbleibende Ueberrest 4. zur Hälfte unter die Bankantheils-Eigner als Extra-Dividende und zur andern Hälfte an den Staat vertheilt. Wenn der reine Gewinn der Bank nicht volle 3½ pCt. des eingeschossenen Kapitals (No. 1. und 2.) erreicht, so soll der Fehlende auch aus dem Reservefonds entnommen werden.

allgemeineren Interessen der Regierung angelegt ist, so daß ihm ebenso die Reife fehlt wie eine praktische Begründung.

Nachdem Se. Majestät der König den Antrag auf Errichtung von Landesbanken aus Privatmitteln abgelehnt, und seine Absicht ausgesprochen hatte, dem alten Institut der Königl. Bank zur Abwehr der Geldnoth im Lande eine bessere Begründung zu ertheilen und daneben die Errichtung von Provinzialbanken *) zu gestatten, so mußte die Königl. Bank eine dem Zweck und den väterlichen Absichten des Monarchen entsprechende, der Größe Preußens angemessene Organisation erhalten und niemals eine, die den Provinzialbanken von vorne herein alle Lebensfähigkeit nimmt.

Eine Königl. Bank, die des hohen Stifters würdig, dem gewerblichen Zustande des Landes angemessen und für die Förderung der großartigen Eisenbahn-Bauten Sr. Majestät des Königs geeignet sein sollte, muß als erstes Erforderniß sich auf bedeutende eigenen Fonds stützen, und diese konnte die Regierung sich auf zwei Wegen verschaffen.

Der erste war, von den Ständen die Zustimmung zu

---

*) Anmerk. Wir enthalten uns hier, für jetzt den wichtigen Punkt über die Errichtung von Provinzialbanken zu berühren; das kann erst an der Zeit sein, wenn eine definitive Bestimmung über die Königl. Bank erfolgt sein wird. Da wir übrigens die Bankfrage, welche seit anderthalb Jahren ein so allgemeines Interesse hervorgerufen hat, zuerst angeregt haben, so halten wir uns auch verpflichtet, sie in ihren jetzigen Entwickelungs-Perioden weiter zu verfolgen.

einer Anleihe von 20 Millionen zur Fundirung dieser neuen Königl. Bank zu verlangen, welche Zustimmung unzweifelhaft erfolgt sein würde, da die Interessen des Landes sie fordern. Wenn dann noch 20 Millionen neue Banknoten ausgefertigt und die Kassen-Anweisungen in Banknoten umgeschrieben wären, so hätte eine so fundirte Königl. Bank, mit Umsicht geleitet, unter die zweckmäßige Kontrolle eines ständischen Ausschusses gestellt, mit dem Finanz-Ministerio vereint, den Staats-Kredit befestigen und dem Lande nützlich werden können.

Bestanden aber vielleicht, nach der Ansicht Sr. Majestät des Königs oder der Rathgeber der Krone, politische Gründe, die es hinderten, diesen Weg für jetzt einzuschlagen, so blieb noch ein anderer offen, dies Ziel zu erreichen. Allgemein bekannt ist es, daß der Staatsschatz sehr gefüllt ist und wahrscheinlich mindestens 40 Millionen Thaler baare Valuten in ihm todt liegen *). Wenn nun von dieser Summe auch nur 15 Millionen baares Geld (welche ja übrigens zur Disposition der Regierung geblieben wären) herausgenommen sein würden, um damit die Königl. Bank zu fundiren, und wenn man

*) Anmerk. Daß Preußen in der Lage, in der es sich jetzt befindet, stets die Mittel zur Mobilmachung des Heeres bereit halten muß, geben wir zu. Allein es ist hart, daß so große Summen dem Verkehr entzogen werden, in einer Zeit, wo sie diesem unentbehrlich sind, denn die Erhaltung des Wohlstandes des Landes ist noch wichtiger als die Füllung des Staatsschatzes. Da man aber die vortheilhaften Anerbietungen wegen Errichtung einer Landesbank zurückgewiesen hat, so muß jetzt der Schatz geöffnet werden.

diese 15 Millionen den 16 Millionen Staatsschuldscheinen hinzugefügt hätte, welche für die im Cours befindlichen 25,700,000 Thlr. Kassen-Anweisungen deponirt sind, so würde die Königl. Bank ein Stamm-Kapital von 31 Millionen Thalern erhalten haben. Wenn dieser Summe nun noch hinzugerechnet werden die 22,600,000 Thlr., welche von den Pupillen und milden Stiftungen der Bank anvertraut sind, und die sie als ganz zu ihrer Disposition gestellt betrachten kann, da die Erfahrung beweiset, daß die jährlichen Zuschüsse und Auszahlungen sich ausgleichen, so würde die Königl. Bank sich im Besitz eines Betriebsfonds von 53,600,000 Thlr. befunden haben, der vollkommen zugereicht hätte, nicht allein die 25,700,000 Thlr. Kassen-Anweisungen, in Banknoten umgeschrieben, zu realisiren, sondern auch noch 21 Millionen Banknoten auszugeben, von welchen dann die Staatskasse den Zinsengenuß allein gehabt hätte.

Eine mit so großen Fonds ausgestattete Bank konnte dann, wie die Bank von London, gleichsam der Banquier der von Sr. Majestät beabsichtigten Provinzialbanken werden, wenn man die so zweckmäßig in England eingeführte Maßregel nachahmte, nämlich bestimmt hätte, daß die Noten der so fundirten Königl. Bank ein gesetzliches Zahlungsmittel wären, die bei der Realisation der Noten der Provinzialbank gleich dem baaren Gelde verwendet werden könnten *).

*) Anmerk. Wir enthalten uns hier jeder weiteren Ausführung des vorstehenden Gedankens und der großen Vortheile, die

Wenn wir nun mit dem, was jedenfalls hätte geschehen können nnd sollen, den vorliegenden Plan vergleichen, so werden unstreitig Viele mit uns es bedauern müssen, daß die Regierung, statt sich der ihr zu Gebote stehenden großartigen Mittel zu bedienen, jetzt einen bedauerlichen Mittelweg zwischen einer Königl. und einer Privat-Landesbank verfolgt, bei welcher sie nach Anrechnung ihrer liegenden Gründe und Inventarienstücke sich im besten Falle mit einigen hundert Tausend Thalern betheiligt, und gleichsam nur die Verwaltung leitet.

ad §. 37 *). Der untenstehende §. ist für die Theilnehmer in mehrfacher Beziehung ein sehr bedenklicher.

---

dessen Realisirung gewährt hätte, nicht allein weil die Entwickelung hier zu weit führen würde, sondern auch weil wir nicht die mindeste Hoffnung haben, daß unter den jetzigen Constellationen irgend etwas Großartiges und Ganzes durchgeführt werden könnte — wir beschränken überhaupt unsere Thätigkeit mehr auf Abwendung von wesentlichen Uebelständen. Es ist nach den bisher gemachten Erfahrungen übrigens wenig ermuthigend, wenn man statt Anerkennung der patriotischen Absichten und guten Rathschläge, Befeindungen, selbst Verläumdungen ausgesetzt ist.

*) §. 37. Reicht die Einnahme und der Reservefonds zur Deckung der Verluste eines Jahres nicht aus, so werden solche zur Hälfte von dem Einschußkapitale der Privatpersonen und zur Hälfte von dem Einschußkapitale des Staats, soweit letzteres ausreicht, sonst aber von dem Einschußkapitale der Privatpersonen allein abgeschrieben.

Aus dem nächstfolgenden Gewinne werden zuerst die Dividenden für das volle Einschußkapital bis zur Höhe von drei und ein halb **pro Cent** jährlich (§. 36. **sub No.1. u. 2.**) entnommen, der Ueberrest aber zum Ersatz der Verluste am Einschußkapitale

Das erstere minder wichtige Bedenken finden wir darin, daß, wenn es sich nach II. der Kabinets-Ordre vom 18. Juli ergeben sollte, unter den aufgeführten Activis der Bank seien solche enthalten, die der Bankverwaltung selbst nicht zur Ueberweisung an die neue Bank geeignet scheinen, wenn sich mithin der Einschluß von Seiten der Königl. Bank dadurch verringerte, die Bestimmung aber aufrecht erhalten würde, daß die neue Bank die Staats- und Communal-Papiere für voll übernehmen müßte — sich von vorne herein ein Defizit ergeben würde, welches nun von dem Einschußkapital der Privaten abgeschrieben werden müßte; es würden hierdurch diejenigen Aktienzeichner, die nur auf ein schnelles Steigen der Aktien spekuliren, sich sehr getäuscht finden. Das zweite wichtigere Bedenken finden wir darin, daß die unbeschränkte Disposition über die Bank jedesmal dem Chef derselben vorbehalten bleibt, und mithin für jetzt und für die Zukunft rein von dessen Persönlichkeit abhängt.

Welches geringe Resultat die Operationen der Königl. Bank mit Bezug auf reine Gewinne gehabt habe, beweiset der vorgelegte Status der Bank. Eine Vertretung von Seiten der Theilnehmer ist daher wohl denkbar und kann sehr wichtig werden, wenn politische Verwickelungen entstehen sollten,

---

in der Art verwendet, daß vorweg der vom Einschußkapitale der Privatpersonen etwa abgeschriebene Mehrbetrag gedeckt werden muß.

wo, wie vorhin gezeigt ist, selbst eine gänzliche Auflösung der Bank nicht außer der Möglichkeit liegt.

Es ist dies um so weniger zu bestreiten, da es bisher das Schicksal aller Staatsbanken in ganz Europa gewesen ist, mit Zahlungs-Unfähigkeit zu enden, und da dieselben Ursachen immer auch gleiche Wirkung haben: wobei auch nicht aus den Augen verloren werden darf, daß die frühere Garantie des Staats aufgehoben ist, indem die Gesetze, in welchen diese zugesichert wird, durch diese neueste Königl. Cabinetsordre aufgehoben sind, und nach dem vorstehenden §. 37., so lange die Einschüsse geringer sind, die Vertretung die Theilnehmer allein trifft.

Wenn wir nun zu dem II. Titel, von der Verfassung und Verwaltung der Bank, übergehen, so bildet die Bank nach §. 39 ein von der Finanzverwaltung unabhängiges Institut. Was hiermit gesagt werden soll, verstehen wir nicht. Soll dies ein Vorbeugungsmittel sein, um die Vereinigung der Königl. Bank und der Geldinstitute auch für die Zukunft zu erschweren?

ad §. 41.*) Die hier unten abgedruckten §§. 41 und

---

*) ad §. 41. (Bank-Kuratorium.) Die Bank bleibt unter die allgemeine Ober-Aufsicht des Staats gestellt, und wird solche auch ferner von dem Bank-Kuratorium ausgeübt.

§. 42. Das Bank-Kuratorium wird künftig bestehen: a) aus dem Präsidenten des Staatsraths, b) aus dem jedesmaligen Justizminister, c) aus dem jedesmaligen Finanzminister, d) aus dem je-

42 handeln von der Oberaufsicht des Staats und vom Curatorium der Bank.

Die §§. 43 bis 46 einschließlich bestimmen, daß der Chef der Bank und unter diesem die Haupt-Bank-Direction dem Institut vorgesetzt sind. Daß alle Anstellungen und die Bestimmung der Höhe der Besoldung von der Regierung ausgehen, und daß mithin das ganze jetzt bestehende Personal und die Pensionen mit übernommen werden, versteht sich nach den sonstigen Bestimmungen wohl von selbst, wird aber die Verwaltung vertheuern und somit die Dividende vermindern.

Die §§. 48, 49 bis 54 übertragen die ganze höhere Leitung dem Chef der Bank, sowie sämmtliche Anstellungen; nach §. 51 steht demselben auch die Controlle über die Bestimmung des §. 31, den Realisationsfonds betreffend, zu.

Die unbegrenzte Macht, die hier dem Chef der Bank übertragen wird, erscheint jedenfalls bedenklich und stützt sich auf das Vertrauen, welches man dem jetzigen Chef schenken zu können glaubt.

Um das Bedenken gerechtfertigt zu finden, welches wir hier ausgesprochen, ist es nöthig, die Stellung des Chefs der Bank ins Auge zu fassen. Bei der Leitung der Gesammt-Operationen einer über alle Provinzen verbreiteten Staats-

---

desmaligen Präsidenten des Handelsamts und e) aus einem fünften Mitgliede, welches Wir besonders ernennen.

Dasselbe versammelt sich vierteljährlich. Die Verhandlungen werden zur weiteren Nachachtung protokollarisch niedergeschrieben.

bank ist es zwar wichtig, daß dieselben mit Umsicht geführt werden, aber noch wichtiger, daß die Interessen der producirenden Klassen, der Grundbesitzer, der Gewerbe- und Handeltreibenden genau gekannt werden, damit man sie fördern könne, und damit die Bank sich überhaupt im Einklange befinde mit allen großen Operationen der Verwaltung des Innern und der Finanzen. Wie es nun einem außerhalb der Verwaltung stehenden Beamten, dem alle diese Verhältnisse und Operationen fremd bleiben, möglich werden soll, die seinigen mit jenen in Einklang zu bringen, ist nicht zu begreifen; wir sind daher, ohne weder die Befähigung noch die Unparteilichkeit und sonstige Qualificationen des jetzigen Chefs in Zweifel ziehen zu wollen, doch der Ansicht, daß eine solche Stellung nur zu wesentlichen Nachtheilen führen kann. Ueberhaupt unterliegt es keinem Zweifel, daß bei organischen Institutionen, die fortbestehen sollen, nicht alles auf die zufällige Persönlichkeit eines einzigen Sterblichen gebaut werden dürfe. *)

Dazu kommt, daß die Geschichte uns lehrt, daß ohne Ausnahme der unglückliche Ausgang aller Staatsbanken in ganz Europa erweislich fast immer der mangelhaften Controlle zuzuschreiben war, der sie unterworfen waren.

*) Anmerkung. Wir möchten fragen, wer es wagen würde, wenn der Minister Rother sich in der Folge von den Geschäften zurückziehen sollte, eine so große Verantwortlichkeit zu übernehmen, wie mit dieser Stellung verbunden ist. Es setzt dies eine Zuversicht voraus, die sich nur auf ganz eigenthümliche Erfahrungen stützt.

Es sollte nie vergessen werden, daß die Menschen stets Menschen bleiben und daß Einseitigkeit und Irrthum, dem wir alle mehr oder weniger unterworfen sind, oft viel Unglück anrichten, und daß endlich der Einzelne sich fast nie dem Einflusse derjenigen entziehen könne, die ein nahes Interesse haben, ihn zu bearbeiten und zu bestimmen! Die Geschichte der meisten monarchischen Verfassungen führt den Beweis der Wahrheit dieses Satzes.

Die alleinige Disposition über ein Geldinstitut, von welchem der Wohlstand vieler einzelnen Familien, zum Theil die materielle Wohlfahrt des ganzen Handels- und Gewerbstandes, ja selbst der Staats-Credit abhängt, sollte unserer Ansicht nach nie einer einzelnen Persönlichkeit, wie ausgezeichnet sie auch sein mag, übertragen werden.

ad §. 55 *). Auch gegen die Bestimmung dieses §. müssen wir, insofern wir ihn richtig verstehen, protestiren: der Verwaltung müssen feste Normen vorgeschrieben werden, die das Publikum kennt und welche die Verwaltung unwandelbar zu befolgen verpflichtet ist. Jeder muß wissen, unter welchen Bedingungen er von der Bank Darlehen erwarten kann oder nicht.

Die §§. 61 bis 67 enthalten Bestimmungen über die

*) ad 55. (Hauptbank-Direktorium.) Das Hauptbank-Direktorum ist die verwaltende und ausführende Behörde, hat jedoch bei seiner Verwaltung überall den Vorschriften und Anweisungen des Chefs der Bank Folge zu leisten.

Versammlung der Meistbetheiligten, bei welchen nichts Erhebliches weiter zu bemerken ist, als daß ihnen nur ein höchst beschränkter Einfluß eingeräumt wird, wie dies das Zwitterhafte des ganzen Verhältnisses auch nicht anders zuläßt.

Die §§. 68 bis 80 einschließlich handeln von dem Central-Ausschuß, und die §§. 81 bis 85 von den Deputirten des Central-Ausschusses.

Obgleich in allen wichtigen Fragen nur diese letzteren gehört werden, so scheint doch den Gesammt-Theilnehmern gegenüber der ihnen eingeräumte Einfluß bedenklich.

Inzwischen enthalten wir uns der nähern Beleuchtung der hierauf bezüglichen §§., da vorauszusetzen ist, daß, wenn die Bank zu Stande kommen sollte, noch wesentliche Abänderungen gemacht werden müssen, und daß man dabei Rücksicht nehmen werde auf die Erfahrung der dabei betheiligten Männer von Fach.

Die §§. 86 bis 99. enthalten
die besondern Bestimmungen über den Geschäfts-Betrieb bei der Hauptbank. Wir wollen uns bei diesen §§. auf einige kurze Bemerkungen beschränken.

ad §. 86*). Die in diesem §. behandelten wichtigen Fra-

*) §. 86. (Besondere Bestimmungen über den Geschäftsbetrieb bei der Hauptbank.) Diejenigen Arten von öffentlichen Effekten und Waaren, auf welche nach §. 5. Darlehne gegeben werden können, so wie die Höhe des Abschlages von dem Kurse oder Werthe derselben unterliegen, nach Anhörung des Central-Ausschusses, der Festsetzung des Chefs der Bank.

gen sind der Festsetzung des Chefs der Bank überlassen; dieses sollte nur ausnahmsweise der Fall sein, und vielmehr möglichst durch die Geschäfts-Ordnung festgestellt werden.

Nach §. 87. soll die Höhe des Zinsfußes und des Diskontos auf Antrag der Haupt-Direktion vom Chef festgestellt werden, was schon vorhin als fehlerhaft nachgewiesen ist.

ad §. 88*). Steht dem Ausschuß auch ein veto zu? Hier wird dies nicht näher bestimmt, sondern nur die Registrirung des Ergebnisses der Abstimmung versprochen.

ad §. 90**). Der Ankauf von Staatsschuldscheinen sollte der Bank statutenmäßig versagt werden, aus Gründen, die wir oben erwähnt haben.

ad §. 91***). Der untenstehende §. enthält Bestimmungen, die

---

*) §. 88. Veränderungen des Diskontosatzes, zeitweise Verkürzung der Verfallzeit der zu diskontirenden Wechsel und Effekten und Verkürzung der Frist, auf welche Darlehne gewährt werden (§§. 4. 5.), so wie zeitweise allgemeine Beschränkung der Höhe der zu bewilligenden Kredite, können ohne vorherige Berathung im Central-Ausschusse nicht angeordnet werden. Auch muß zur Feststellung der Ansicht des Ausschusses über dergleichen Maaßregeln abgestimmt und das Ergebniß der Abstimmung registrirt werden.

**) §. 90. Der Ankauf von Staats-Schuldscheinen und anderen öffentlichen zinstragenden Effekten für Rechnung der Bank kann nur erfolgen, nachdem die Höhe des Betrages, bis zu welcher die Fonds der Bank zu diesem Zwecke verwendet werden können, zuvor mit Zustimmung des Central-Ausschusses festgesetzt ist. Die Zeit und die Bedingungen des Ankaufes, so wie die Auswahl der Effekten, ist Sache der Ausführung.

***) §. 91. Geschäfte mit der Staats-Finanz-Verwaltung und

leicht dahinführen können, die Fonds der Bank festzulegen. In solchen Fällen sollte der General-Versammlung die Entscheidung vorbehalten bleiben; hier hängt das Vermögen der Theilnehmer von der Entscheidung Einer Stimme ab.

Die §§. 100 bis 113. übergehen wir, wie so viele andere, weil es nur unsere Absicht ist, die Haupt-Momente hervorzuheben.

Bei dem III. Titel:

„von den allgemeinen und besondern Rechten der Bank"

verdient noch der §. 118. hervorgehoben zu werden.

Dieser besagt, „die der Bank anvertrauten Gelder können niemals mit Arrest belegt werden."

Dieser kurze Satz bedarf wohl jedenfalls einer weitern Ausführung, wie er zu verstehen sei. Wie er hier steht, scheint ein böslicher Schuldner davon leicht einen Mißbrauch machen zu können.

---

mit den Geld-Instituten des Staats, unterliegen allen in dieser Bank-Ordnung enthaltenen Bestimmungen ebenso als wenn die Bank mit Privatpersonen abschließt. Wenn dabei innerhalb jener Bestimmungen andere als die allgemein geltenden Bedingungen des Bankverkehrs in Anwendung kommen sollen, so müssen solche Geschäfte zuvor zur Kenntniß der Deputirten gebracht, und wenn auch nur Einer derselben darauf anträgt, von dem Hauptbank-Direktorium dem Central-Ausschusse vorgelegt werden. Sie müssen unterbleiben, wenn der letztere nicht in einer beschlußfähigen Versammlung mit Stimmenmehrheit für die Zulässigkeit sich ausspricht.

Schon gleich zu Anfang ist bevorwortet worden, daß es nur die Absicht dieser kurzen Besprechung sei, die wichtigen Punkte des vorliegenden Planes der Preußischen Bank hervorzuheben, um die Behörden und das Publikum davon zu überzeugen, daß eine Aenderung des Plans oder wenigstens mancher Bestimmungen desselben im Interesse der Krone wie des Landes liege.

Jetzt sei es uns erlaubt, in einer kurzen Zusammenstellung diejenigen Punkte anzudeuten, welche wir als vorzüglich unvollständig und mangelhaft betrachten.

Zuerst scheint es uns zu beklagen, daß die Aussicht auf Hülfe soweit hinausgesetzt wird, da doch die allgemeine Geldkalamität die schleunigste Unterstützung fordert.

Der Haupt-Vorwurf, der den Plan trifft, liegt darin, daß man, statt eine große Landesbank zu errichten, wie sie in England, Frankreich, Oesterreich und so vielen andern Ländern besteht, wie sie sich durch die Erfahrung so heilsam erwiesen hat, und wie sie schon Friedrich der Große gründen wollte und nur aufgab, da es seinen Unterthanen an den Mitteln dazu fehlte, jetzt eine Königliche Bank gründen will, zu welcher die Privaten das Geld vorschießen sollen.

Ein Beispiel dieser Art ist noch nie gegeben, und es scheint unerklärbar, daß sich eine sonst so vorsichtige Regierung, wie die Preußische, zu einem Plane hat fortreißen lassen, der jeder Theorie widerspricht, keine Erfahrung für sich hat und die Staats-Interessen mit denen der Privaten auf eine Weise vermischt, die nur zu bedenklichen Collisionen führen muß.

Um zu diesem gewagten Geschäft — denn ein solches bleibt es in jedem Fall, da ein Theil der Societät das Geld geben soll, während die Disposition darüber dem andern vorbehalten ist — Theilnehmer zu finden, bietet der Staat diesen die unglaublichsten Vortheile.

Dahin rechnen wir:

1) den Nutzen der Einnahmen einer den gemachten Einschuß um das Doppelte übersteigenden Summe zinslosen Papiers, welches zugleich durch die Annahme bei den Königlichen Kassen zu einem Papiergelde des Staats erhoben wird;

2) die Benutzung der Gelder der Minorennen und milden Stiftungen zu einem höchst geringen Zinsfuß;

3) die Erlaubniß, die Fonds der Bank bis zu dem höchsten gesetzlichen Zinsfuß von 6 pCt. benutzen zu dürfen (cf. §. 6.);

4) Die Ueberlassung der Prärogative der Königlichen Bank als Geld-Institut des Staats, unter andern namentlich nach §. 7. die Portofreiheit, die Einziehung der Königlichen Gelder, welche aus den Provinzen an die Central-Kassen abgeführt werden, mithin auch die Zwischenbenutzung derselben; endlich

5) das den ersten Theilnehmern der Bank, gleichviel ob In- oder Ausländer, bei etwaniger künftiger Erweiterung

der Bank allen übrigen Staatsgliedern gegenüber eingeräumte Vorzugsrecht für die Zeichnung der Aktien, was ihnen ein förmliches Monopol auf alle künftige Zeiten ertheilt.

Wenn nun mit diesen Opfern der direkte Nutzen verglichen wird, den die Regierung für diese Concessionen und für die Gefahr, die aus der Vermehrung des Papiergeldes des Staats um 21 Millionen folgt, bezieht, so beschränkt sich dieser darauf:

1) die Königlichen Gebäude und Inventarien in ein Geld-Kapital verwandelt zu haben, um damit den Einschuß möglich machen zu können;

2) die jetzt bei der Bank befindlichen Staatspapiere zum Nennwerth angebracht zu haben;

3) die Hälfte der Dividende zu beziehen, welche möglicherweise erübrigt werden sollte;

4) dem Chef der Bank die unbedingte Disposition vorbehalten zu haben, und durch die Mitwirkung des Ausschusses der Deputirten vielleicht ein günstigeres Resultat der Operationen der Bank-Verwaltung erzielen zu können.

Inzwischen dürfte man vielleicht meinen, die Regierung brächte so große Opfer der Wohlfahrt des Landes. Sollte dies wirklich die Absicht sein, so wird sie verfehlt. Die landesväterliche in der Kabinets-Ordre ausgesprochene Absicht, seinem Volke schleunige Hülfe zukommen zu lassen, ist in weite

Ferne gestellt, die Fonds, die eingeschossen werden, viel zu unbedeutend, um auf den Verkehr einer Monarchie, wie die Preußische, einen bedeutenden Einfluß zu üben; dazu kommt, daß eine Königliche Bank nie und nimmermehr den Gewerben bedeutende Hülfe gewähren und eine Landesbank ersetzen kann. Selbst die großen Vortheile, die auf der einen Seite den Theilnehmern geboten werden, sind mehr oder weniger illusorisch und verschwinden theils davor, daß die Verwaltung des von ihnen eingeschossenen Vermögens Andern überlassen bleibt, theils davor, daß eine kostspielige und schwerfällige Verwaltung unvermeidlich ist, wobei noch in Anschlag kommt, daß ein an und für sich gewagtes Geschäft um so gewagter erscheint, wenn die Disposition fremden Händen anvertraut bleibt.

Wir schließen hier unsere Besprechung mit dem Wunsche, daß sie dazu beitragen möge, Uebelstände zu entfernen, ehe es zu spät sein wird.

B. C.

Gedruckt bei Julius Sittenfeld in Berlin.